CB063572

NA ÓRBITA DAS ESPIRAIS

fernanda bienhachewski

NA ÓRBITA
DAS ESPIRAIS

poemas

Ilustrações da autora

1ª edição, São Paulo, 2020

LARANJA ● ORIGINAL

Sumário

prefácio (re)versos da órbita   15

janelas   19

I. CALEIDOSCÓPIO   21
caleidoscópio   23
peregrina   24
embriaguez   25
esquizofrenia   26
inquietudes   28
gula   29
labirinto   30
indagações   31
mimese   32
cotidiano   33

II. DELÍRIOS   35
incertezas   37
delírios   38
espelhos   40
correspondência   41
projeções   42
louca   44
a invasora   45
bordado   47
rascunho   48
distante   49
florescer   50

III. OS ENCONTROS — 53
ciranda — 55
incompletude — 57
cama — 59
selva — 60
sinfonias — 61
oceânica — 62
luz vermelha — 63
casa própria — 64
na órbita das espirais — 65
entrelinhas — 66
o menino — 67
erótico — 69
cósmico — 70
respiro no caos — 71
apelo — 72
submersa — 73
meditação — 74

IV. RUPTURAS — 77
gastronomia — 81
dor do poeta — 82
círculos — 83
tanta ausência — 84
a arte de deixar algum lugar — 85
inundação — 87
cirurgicamente — 88
tanto — 89
sobre cisões e rupturas — 91
amores líquidos — 93

turbulência	94
fôlego	95
jabuticabas	97
saudade	98
perdida	100
maremoto	101
desistência	102
bicho solto	103
V. DESPERTAR	105
reflexos	109
receituário	110
despertar	111
dentro	113
introversão	114
plena	115
reencontro	116
superstições	117
felicidade	118
nua	119
o mais belo em mim	120
vida-morte-vida	121
la loba	123
dança	124

Para minha vó Antocha, polaca de olhos azuis, de quem herdei a força e o sobrenome.

O derradeiro mistério somos nós próprios. Depois de termos pesado o Sol e medido os passos da Lua e delineado minuciosamente os sete céus, estrela a estrela, restamos ainda nós próprios. Quem poderá calcular a órbita da sua própria alma?

Oscar Wilde, *in De Profundis*

Prefácio

(Re)versos da órbita

Depois da dança e do uivo, o silêncio e o vazio. Poesia é combinação de palavras, imagens e sons, que se articulam por meio de recursos técnicos variados, a depender do período, da escola e do estilo do poeta. Silêncio também é som; vazio, imagem. E a poesia tem a potência de torná-los poderosas instâncias de sentido e sensibilidade quando transfigurados em letra escrita no papel. Assim, silêncio e vazio nem sempre representam ausência de algo. Em versos, podem ser estados que orbitam os desencontros, os conflitos, o caos e o medo, mas, também as descobertas, o êxtase, os recomeços e a paixão.

Fernanda Bienhachewski nos leva, por meio de sua poesia, a esses extremos, mas não de maneira estanque. Na órbita das espirais, como enuncia o título homônimo deste livro, nos deslocamos de um polo a outro, como quem redimensiona a própria medida em seu giro inevitável em torno de si mesmo, prestes a aterrissar como pena perdida no ar ou a sentir o violento impacto que vem: "Transitas em meu pensamento/ Como esfera cósmica/ Às vezes de forma serena/ Outras em total colisão planetária" ("Na órbita das espirais").

Assim como a forma geométrica de uma espiral, somos levados de alto a baixo, e vice-versa, a depender do sentido da rotação. Não necessariamente em termos de dimensão temporal, mas em um trespassar da memória, do corpo e dos afetos que suplantam as folhas destacadas do calendário, o inquieto ponteiro do relógio na sala, o rosto no espelho que mal se reconhece no dia seguinte, pois nunca enxerga apenas uma, mas muitas em uma só, múltiplos estilhaços de vida e de tempo: "Gosto de ser outras/ Às vezes, não gosto de ser assim/ Sou de vidro, cerâmica, pedra/ Sou forte, quebradiça, vulnerável/ Sou personagem da minha própria trama" ("Esquizofrenia").

E é na multiplicidade de "Eus" que a poesia de Bienhachewski se desdobra e se reconstrói, em um processo de dedicada artesania da expressão poética, mas sem prescindir do extravasamento da forma livre. Desde o poema-prefácio "Janelas", acompanhamos um movimento inicial das espirais. Do Eu ao Nós, o abrir da janela amplia o espaço do sujeito lírico, que abarca o outro-eu e o outro-outro. "Somos todos", ela salienta, em um esforço totalizante da experiência do trajeto, do encontro, do instante e da lembrança.

O lugar do poeta no mundo, tópos da poesia moderna, que tem o "Albatroz" de Charles Baudelaire, em *As flores do mal*, como um de seus textos paradigmáticos, também atravessa as inquietações de Fernanda Bienhachewski. No poema que leva o mesmo título da primeira parte do livro, "Caleidoscópio", o sujeito lírico se revolve de questionamentos sobre as finalidades e natureza do ofício dos "devoradores de encontros", uma das definições mais liricamente belas sobre esses seres desajustados, expulsos por Platão em sua *República*. A reiteração do pronome "cada" no poema referido, ao mesmo tempo que busca conferir universalidade às questões trazidas, reforça a particularidade da experiência vivida, transformada em poesia. A questão do lugar da poeta atravessa também outras partes do livro, assumindo, por vezes, alta carga dramática ou expressão mais social: "Existem alguns momentos/ Em que a ferida do poeta se abre/ E sangra/ Junto com toda a dor do mundo/ Com a fome/ Misérias/ Injustiças" ("Dor do poeta"). E em face da impossibilidade da ação política e transformadora, apesar "do iminente desespero/ Há poesia".

O sujeito lírico também não se exime de se apresentar não apenas como um dos termos da linguagem, como nos "Delírios", conjugando os verbos na primeira pessoa do singular, mas como circunscrição do espaço da experiência de vida em que poeta e poesia se inserem e se imiscuem: "Necessito existir como poeta / A vida não me basta" ("Rascunho"). E como não basta, é preciso (re)inventá-la. A poeta é uma fingidora, parafraseando um dos versos fundamentais da poesia pessoana. E é preciso recordar que não se trata de "fingimento" como oposição a uma verdade supostamente estabelecida, mas como criador de verdades, ou de várias faces ou percursos de uma mesma verdade. Etimologicamente, fingir vem do latim fingere, que significa modelar, criar, cujo particípio contém a mesma raiz de onde vem "Ficção". Portanto, o fingimento poético nos "Delírios" de Bienhachewski não é mero escapismo para lidar com as fissuras e conflitos da realidade, mas uma maneira de conferir ao estatuto da poesia a consistência que a vida, às vezes, deixa esvair.

Não obstante, a poeta não se exime de ressaltar sua voz e seu espaço como mulher. Uma mulher que tropeça, uma mulher que tem sede, uma mulher que gosta de política, uma mulher forte, uma mulher intensa, uma mulher apaixonada, uma mulher que é poesia, é poeta. Enquanto seu primeiro nome designa não apenas a espacialidade discursiva em que ela se inscreve, mas também o gênero de quem escreve, o sobrenome carrega, sobretudo, a história das muitas mulheres a quem ela se vincula consanguineamente, dentro desse longo percurso que chamamos de história. A combinação dos dois na capa do livro é talvez um de seus maiores encontros, entre partidas ou chegadas, sob uma luz vermelha: "Cá dentro de mim/ O amor é uma condição e uma dança/ Meu peito é um longínquo labirinto/ Dentro dele consigo sentir todos meus amores perdidos/ Em lacunas e planícies/ Às vezes distantes de onde me encontraram" ("Luz vermelha").

A poesia de Fernanda Bienhachewski é de uma delicada intensidade. O tom confessional de seus versos ou de seus poemas em prosa não dispensa elaboradas ficções, como camadas do fingimento poético alcançadas pelas espirais, além de um cuidadoso trabalho compositivo, em seus ritmos, imagens e sentidos. Os conflitos e tentativas de conciliação do Eu, que se desmancha "sem aviso", não deixa de expressar, contudo, a sua dor de poeta diante do drama humano. Em órbita, ela nos põe sob risco, seja do traço tipográfico da letra, seja do perigo iminente, como nos lembra Oscar Wilde na epígrafe, do "derradeiro mistério [que] somos nós próprios".

Rodrigo J. Ribeiro Neves

Doutor em Estudos de Literatura pela Universidade Federal Fluminense (UFF).
Atuou como pesquisador de pós-doutorado no Instituto de Estudos Brasileiros da
Universidade de São Paulo (IEB-USP)

JANELAS

Um vento para cada janela
Uma trajetória em cada paisagem
Em um caminho me perco
Enquanto outro se anuncia

É inevitável ir ao encontro do destino
E por maiores que sejam os mistérios
O fluxo da vida é sábio

As copas das árvores sussurram segredos
Soprando-lhes intuição
Acalmando o peso das despedidas

Somos todos andarilhos
Dentro da eterna espiral dos encontros
Em um momento te reconheço
Noutro é tudo esquecimento

I.
CALEIDOSCÓPIO

Expandindo
Indo...
Permitindo
– se

CALEIDOSCÓPIO

Como controlar o inexprimível fardo do poeta?
Como calar os intentos dessa vida absurda e excessiva?
De que maneira poderei equilibrar as forças que me habitam, se sou o caos e a desordem?
Como dizer ao poeta a palavra da paz e do silêncio se a poesia nasce do descompasso dos tempos vividos?
Poderia eu elucidar as angústias dos desejos irracionais que me inundam?
Ou racionalizar as memórias carregadas do peso inenarrável da sensibilidade?

Impossível!

Para nós, devoradores de encontros, toda despedida é como a morte
E todo despertar é uma entrega densa e desenfreada
Não há poder que possa impedir a inundação
Somos todos condenados à poesia não vivida

Cada evento cotidiano está atrelado ao escândalo
Cada amor à eternidade das ilusões passageiras
Cada sentido à sua grande experiência sensorial
E cada poeta à responsabilidade mundana de seus versos

PEREGRINA

E são tantas estradas que, na esquina de mim, me perco
Os rios desaguam naquilo que não sou
Ao meu futuro, um brinde ao acaso
Aos caminhos que me levam de volta à inquietude
Ao poeta que me habita e me consola em momentos de mudança
A alma se ilumina perante a ignorância

De se saber poeta
Pequena
E eternamente entregue ao mundo
Seus rios e estradas

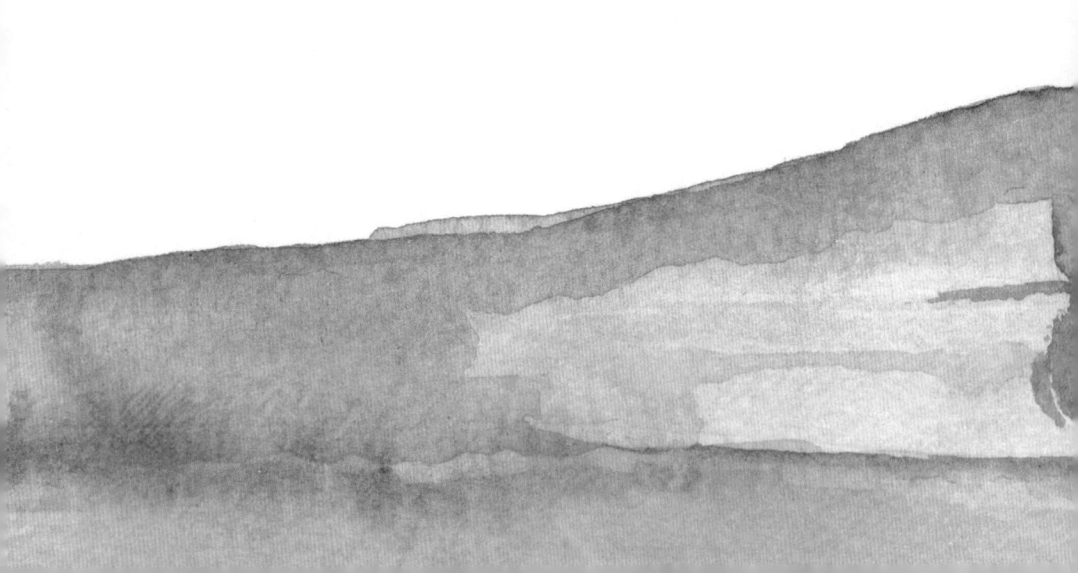

EMBRIAGUEZ

Há um profundo desencontro em mim, daquilo que fui com aquilo que pareço ser e o desejo de ser diferente de tudo aquilo que já vivi.

Desencontro-me em ideias bêbadas, soltas de explicação, avulsas.

Não sei administrar tantas palavras, tantas coisas que não germinaram, tantas possibilidades de coisa nenhuma.

Assim passo, distraindo-me com amores que invento, com encontros que almejo, com o gosto das manhãs das noites em que decidi esquecer quem eu sou.

Desperto confusa.

ESQUIZOFRENIA

Sou Maria, Amélia, Beatriz e Gabriela
Sou atriz, cantora e dançarina
Mas acima de tudo: escritora
Sou intensa, poeta

Há quem diga que sou louca
A loucura não me assusta
Não me desfaz
É parte de mim

Gosto de ser outras
Às vezes, não gosto de ser assim
Sou de vidro, cerâmica, pedra
Sou forte, quebradiça, vulnerável
Sou personagem da minha própria trama
Não amo, engulo

Devoro
Sentidos, sentimentos, palavras
Me lambuzo. Sou gulosa, corajosa
Não me iludo, me transcrevo
Me entendo, me mato, me odeio
Me quero

Sou menina, mulher
Astróloga, antropóloga
Sou canceriana de Sol e de Lua
Sou duas

Há quem me queira, quem me despreze
E há alguém que me envolve

Não sigo ritmo, nem compasso
Sou caos, desordem, imagem
Não presto, eu cresço

Me estreito, me quebro
Mas me transformo

Sou assim. Sou vida
Sou morte, luto, saudade

Mas acima de tudo sou dúvida
Sou tantas que não me caibo
Sou tudo que não me suporta
Sou o que não sei
Mas sei o que me toca

INQUIETUDES

Depois de aquietar as intenções
Deito-me sobre mim
Livre de qualquer inquietude
Restou-me apenas um verso

Um suspiro de quem eu era
O pulsar do que gostaria de ser agora
Depois de mim, restou-me apenas eu

Não mais amores, não mais lágrimas
Um sorriso em meio à madrugada e
uma saudade doída
De querer reviver antigas quimeras

Não carrego mais o peso da ansiedade
Nem bate em mim um coração de criança

Sou pouco mais do que disponho
Uma xícara de chá e um lençol lilás
Mas ainda há dentro de mim
Essa vontade única de sonhar
Que me transporta
A esses mundos fantásticos
E quando desperto
Já não sei quem sou, pois deixo em sonho
Tudo que sabia de mim

GULA

Há um ser que me habita
Um travesso devorador de encontros
Que se alimenta de urgências
E abocanha instantes

Há essa gula pelo tempo
Essa vontade de amanhã
Que não cessa, nem dá descanso

Há essa juventude que embriaga
Essa loucura enviesada
Esse delírio calado do olhar distante

Há esse sentimento bruto de posse
De controlar a alvorada
De domar o inexplicável

Há essa vontade súbita de relatar inquietudes
Essa insuficiência perante a realidade
Essa visceral necessidade
De se expor em palavras

Há um ser que me habita
Um arteiro dos versos
Que entrega a própria existência
A essa vida de poeta

LABIRINTO

A mulher que eu sou caminha rápido
Mais tropeça que caminha
Tem muita pressa, da vida, das decisões, das respostas e tem pressa de formular perguntas
A mulher que eu sou reflete mais do que vive, pensa mais do faz, fantasia mais do que sente
É uma mulher que não tem medo do recomeço, mas às vezes se cansa
É forte, intensa e quer tudo sempre na íntegra
Não gosta de migalhas, nem de frases pré-formuladas Odeia verdades imutáveis
Tem uma disposição única para discussões
É existencialista, melancólica e apaixonada
A mulher que eu sou, mora sozinha, gosta de gatos e de poesia
É inquieta, inconstante e tem muita gente que diz que ela é lunar
Tem sede: de pessoas, de momentos, de instantes e de sentimentos
A mulher que eu sou gosta de política, de samba e de tapioca
Não atura meias palavras, não vive sem a subjetividade
Faz rodeios, desenvolve mais do que conclui
A mulher que eu sou mora em mim
Eu que às vezes me perco dela

INDAGAÇÕES

Do pouco que sou, nada resta
Pois vivo me reinventando
Não sei o que serei
Nem ao menos sei
Saber quem sou
Sobre o pouco que sou
Posso tudo
Pois não sei o que posso ser
E em inúmeras possibilidades
Me crio
Me entrego
Sem saber se saberei
Ao menos um dia
Saber
Quem sou?
Nada resta
Sou tudo

MIMESE

Faço da minha vida
Uma história de ficção
Novela, folhetim

Mais me agrada essa vida inventada
Do que todas as notícias publicadas
Sou personagem de um enredo louco
No qual eu mesma me perco um pouco

Sou páginas de criatividade
Uma escritora de realidades
Não me doem as vírgulas
Dão alívio às feridas sentidas
Tenho medo de fechar o livro
Quero viver o inexprimível

Sou história inacabada
Conto de fadas
Invento o que sou
Sou tudo o que posso

Uma narrativa bizarra
Sem coesão entre as palavras
Me encontro em um mundo distante
Cheio de capítulos alucinantes
Um pouco de drama e aventura
Vivo minha loucura

COTIDIANO

Tenho horror à rotina
Ai de mim esse cotidiano!
Não suporto frases estruturadas

Simplesmente, detesto citações baratas
Não me venham com dias nublados
Nem amores triviais

Sou tudo que não me cabe
E há quem diga que não suporto minha própria mediocridade

Não, não me venham com falsos poemas
Nem fórmulas para a boa saúde
Me livrem da vida regrada
Da música abafada
Do carinho sucinto

Quero tudo que não tem tamanho
Que não só me satisfaz
Mas me transborda
Por inteiro

II.

DELÍRIOS

INCERTEZAS

Caminho lentamente por esse instante
Admirando a efemeridade do tempo
Degusto o sabor da ansiedade
E é doce

Acaricio os sonhos
Abraço as ilusões
E timidamente
Beijo os serenos lábios da calma
Mesmo a dor da incerteza é bela
Quando nela ecoa o teu nome

DELÍRIOS

Seduzem-me as madrugadas
Pois são nelas que sussurro tua chegada
Com esperança, penso que não demoras
Apenas pegaste um trajeto mais longo
No qual florescem Ipês e Amoreiras

Já separei aquele vestido
E me arrumei como se pudesse florir também
Já te disse que sou vaidosa

Não hesitarei e entregar-te-ei
A minha vida
Embora não saiba teu endereço
Mas confirmo o encontro
Está marcado, não venhas com mais desculpas

Naquele cruzamento entre o devaneio e a incerteza
Me aguardas
Não sei se te reconhecerei
Não conheço tua face
Mas penso em tuas mãos
Deslizando sobre minhas certezas
Acariciando meus apelos

E assim
Já me esqueço do vestido
Me dispo em ti

Não sei tua história

Nem quantos amores tiveste no passado
Sei que a tua chegada é doce
E lambuzo-me em teus frutos
Me presenteias com sentimentos imutáveis
Com um amor que permanece
Emaranhado em mim

Retribuo com um sorriso
Já te disse que demoraste?
Fiquei ansiosa
E até pensei
Que tu existias

ESPELHOS

Prefiro as ilusões
Esses mutáveis e belos pedaços de acaso
Prefiro-as por sua liberdade
Indomável e gritante

Bebem do descontrole
Embriagadas, ilusões passageiras
Não conheço seus corpos
Nem posso tocá-las
São como brisas de verão
Sinto-as, não posso possuí-las

Não me queira dar o peso da realidade
Não quero certezas encadernadas
Fechadas em suas próprias limitações

Gosto das ilusões
Dançarinas dos momentos
Filhas do efêmero
E mães da poesia

CORRESPONDÊNCIA

Em percursos incertos deixo ao destino a fatalidade das circunstâncias. A demora do carteiro não rouba de mim o florir das novidades. E creio que sua carta virá colorir um coração cansado de bater demais.

E imagino as palavras que não conseguirei decifrar, pois a tinta dissolveu-se na eternidade dos versos. Depois lerei emocionada sobre futuros verões repletos de notas desordenadas de violão. Sim, estarei aprendendo a tocar. Você também me contará sobre suas andanças pela vida e eu lhe sussurrarei algumas de minhas loucuras.

Imagino em nossa correspondência também algumas cartas extraviadas e seus caminhos sem volta.

Mas hoje a caixa de correio está vazia. E o remetente é o tempo.

Nunca imaginei em minhas promessas mais loucas que ingressaria na solidão como um ser faminto que precisa aguardar o banquete. E o estômago dói, às vezes. Mas a ilusão da chegada acalma a inquietude. E enquanto isso, resta compreender que a paciência é a entrega invertida.

PROJEÇÕES

Imaginar o sabor da fruta não é sentir o seu sumo
Apesar da mente me levar a lugares longínquos
Mágicos e profundos
Apenas dentro de você
Ficam enclausurados os pensamentos
Viver é muito mais do que pensar
A vida não está ao nosso alcance
Ela acontece ao mesmo tempo em que é
Idealizada

43

LOUCA

E aí
Serei eu
Intacta
Pura retina

Louca
Estática
Imóvel

Com a mente desconstruo
Já
Tu não és

E não
Agora tarde
Foste

Ser
Não sendo

No gole
Espero

Na desorientação
Nego

No telefonema
Aguardo

No futuro incerto
Me entrego

E vou

A INVASORA

A poesia tomou conta de mim
Desabotoou meu vestido
Corroeu minhas mágoas
Acariciou meus sentidos

A poesia se deitou em minha cama
Desarrumou os meus cabelos
Coloriu o meu rosto

A poesia não disse para o que veio
Nem disse se vai voltar
Ela apenas me enlaça, me caça, me quer

Talvez seja loucura minha
Ou pecado também
Ceder assim sem hesitar

Mas me contaram antigos sábios
que uma casa com poesia
É como o reino da paz
Arquitetado em versos

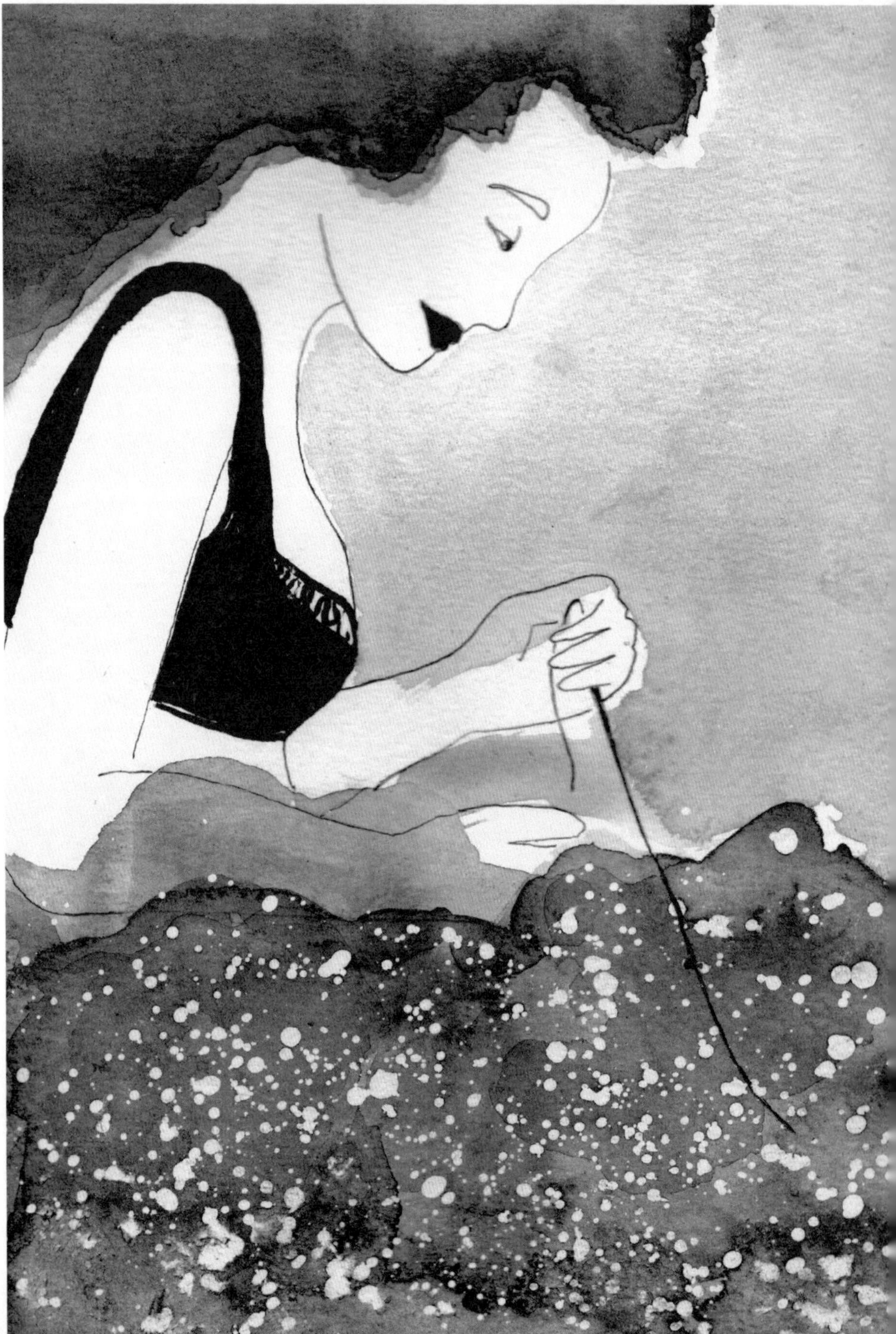

BORDADO

Costuro lentamente essa espera
Bordo esperanças com alfinetes e sonhos
Nesses dias frios, metálicos
Nem me pergunte, mas estou à procura de um olhar
E em meio a essa estranha intuição que me cerca,
Eu não sei mais se é consolo ou garantia

Só sei que há nessa possibilidade, vaga de felicidade, uma entrega
Sem certezas, aguardo
Mesmo com uma voz sussurrando que você está para chegar

E aí nem mais importa seu nome
Seu signo
Se eu sinto que conheço o doce do seu sorriso
Reconheço em meio a tantas ruas difusas o trajeto de seus caminhos

E paciente aposento o corriqueiro desespero da minha alma inquieta
E respeito o encontro
Pois sei
Que tudo que desejamos está também à nossa espera

RASCUNHO

Fiz um pedido aos ventos
Que todos os novos quereres viessem me visitar
E inundassem meus pesares
Turvassem minhas certezas
Embaralhassem minha vida

Escrevi num papel de rascunho aos astros
Para que eu nunca perca a capacidade
De enxergar novos destinos
De entoar canções ainda não interpretadas
De publicar novos poemas

Desejo o que não sei
Quero possuir o que nunca tive
Amar o que não sou
O impensado inesperado
A arte do acaso
O súbito desaviso

Não posso me contentar com o que fui
Nem com a esperança de novos ares
Preciso sentir o abismo da incompreensão
Longos olhares de dúvida
Necessito existir como poeta
A vida não me basta

DISTANTE

Enquanto o beijo decifra as vontades
Em meio a metáforas descaradas
Ficar à vontade com o desejo
Sem saber se fruto da reciprocidade
Ou apenas ilusão poética
Nos quilômetros que nos separam
Cabem centenas de versos

FLORESCER

Brotam
Diariamente
Pequenas sementes douradas
A elas, dei o nome de esperança
Pois hei de germiná-las por toda a vida

Seus frutos?
Olhares curiosos de néctar doce
Polpa firme e seiva farta

Cultivo-os por vontade
São belas as flores
E certamente irei florescer
Na próxima primavera

Trago em mim
O impulso da mudança
E nem me importo
Em ceder todo meu ser
A esse plantio desenfreado

Meu ventre é sempre terra fértil
Crio-me em meio às suas folhas
E em cada semente
Deposito meus sonhos mais intensos

É preciso aprender a doar-se
Pois são nos corações fartos
Que nascem os mais deliciosos frutos

Que não tem nome
Nem o gosto lhes é conhecido
Não se pode encontrá-los nas feiras
Tampouco em bosques floridos

Mas para mim
Eles são como a própria vida
Que me alimenta
Ao mesmo tempo que me suga
Os nutrientes
Os amores
As lembranças
As raízes

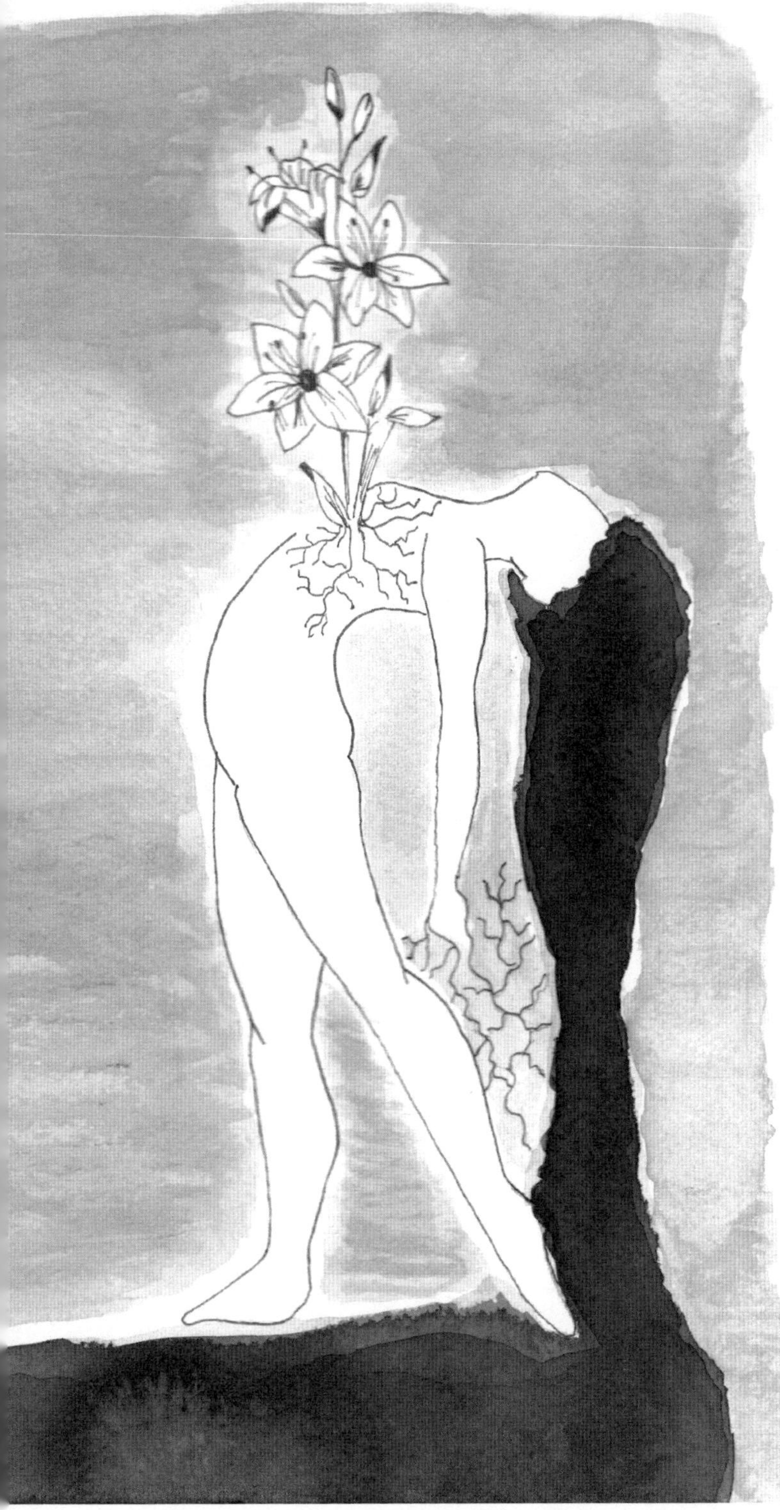

III.

OS ENCONTROS

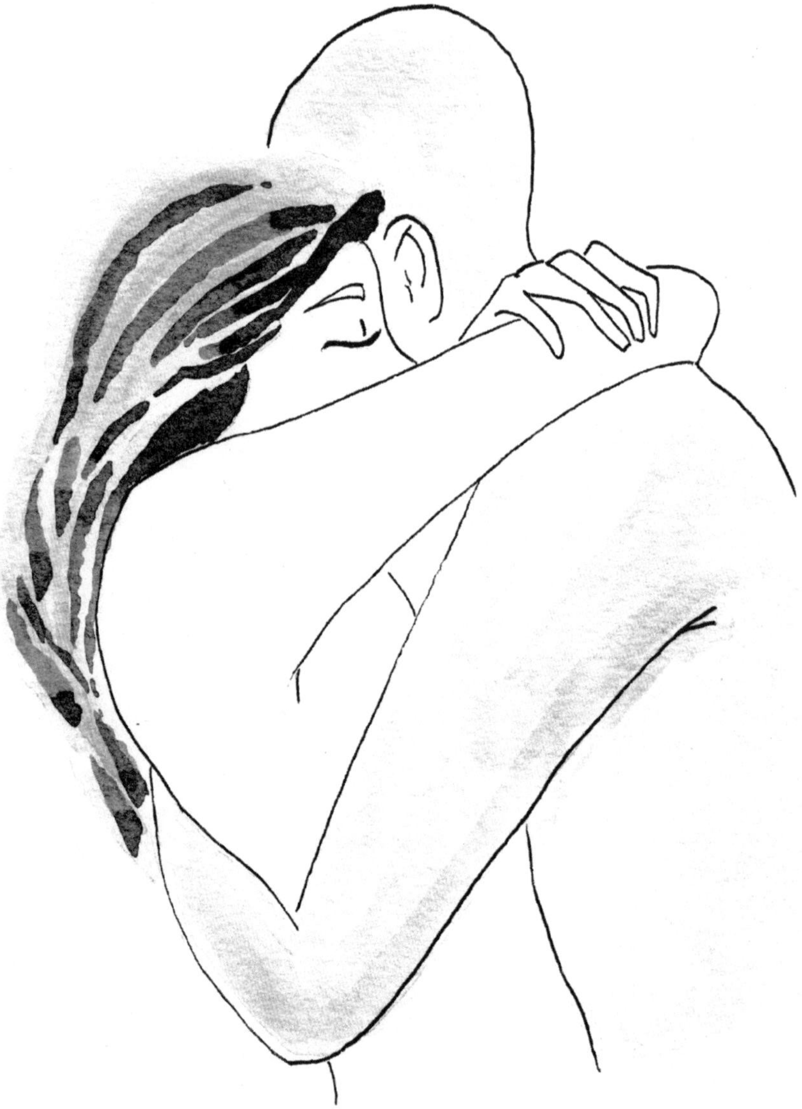

CIRANDA

O amor consome eternidades
O amor devasta
Inunda
Transforma
O amor não ocupa
Invade
Apodera-se

Revoluciona

O amor domina
Alucina
Todos aqueles
A que a ele se submetem

É estar em vertigem
Rodopiando em delírios
Caminhando em linha tênue
O amor enlouquece

No amor nada é à toa
Tudo vale
Tudo cabe
Tudo sobra

O amor é um eterno despertar
Do sonho e do não acordar
É a realidade transfigurada
É a poesia nas madrugadas

O amor não pede
Nem dá aviso
Chega de sobressalto
Num súbito
Suspiro
E num grito

Sobrepõem-se a angústias

Dizimando os medos
Acalmando a pele
Repousando sobre a tarde
Acariciando os corpos
Daqueles que dele dependem
E dele se nutrem

E nele se perdem

INCOMPLETUDE

Não se conclui nada. A vida não passa de hipóteses mal formuladas. O passado é sempre confortável pois não se movimenta mais. Íntegro e inerte.

E a espera é sempre por um entendimento que não há. Passamos anos firmando o que somos, para negar no encontro as certezas.

O outro é reflexo da incompreensão. Dois universos quando colidem não querem nada além da inquietude proveniente da diferença. Nos unimos por mera curiosidade.

O solitário é tolo. Pois aguarda respostas, mas são as dúvidas que induzem o caminhar.

O relacionamento é sempre uma luta para deixarmos no outro aquilo que sabíamos de nós. O amor nada mais é que a descoberta da incompletude. A deliciosa descrença no ontem.

Viver no Superlativo
Logo eu
Sempre tão exigente comigo

CAMA

Deite mais perto
Deixe-me sentir seus medos
Conte-me os segredos
Aperte minha mão
Vele meu sono
Durma em meus seios

Me desperte na cama
Emaranhado em meus cabelos
Sussurre baixinho

Que eu sou o seu sonho

SELVA

Os encantos intrigam
Incomodam os desavisados
Assustam os precavidos

Teus encantos me doem
Me rasgam em ruínas
Me causam comoção

Teus erros me ferem
Com força e sangue
Pulsam de mim
Neblinas

Teus favores me calam
Tua bondade me aprisiona
Com doçura e mágoa

Tua loucura me inquieta
Em tua ausência sou incerta
Vazia e pequenina

Tua vida me assombra
Teus caminhos são pedra

Sem ti
Sou lacuna
Contigo
Sou selva

SINFONIAS

Por meio das lentes de teus redondos óculos
Me enxergas menina
Como se pudesses retroceder no tempo
E captar em mim a essência perdida

Através de tuas palavras
E dos poemas que na tua voz lindamente nascem
Refazes em mim as esperanças

Teu sorriso me acalma
Enquanto tua presença
Me nutre de ternura
Tuas mãos pequenas carregam
Meu coração desenganado

E com tamanha sutileza afagas meus medos
Como se fossem animais apavorados
Acaricias com a mesma doçura
Tão característica do teu olhar

OCEÂNICA

Tem gente que procura metades
Outros renegam essa ideia
Se dizem completos
Inteira ou fragmentada
É bom transbordar em você

LUZ VERMELHA

Meu coração é um prostíbulo aberto
Noite e dia
Diante da vermelha luz incandescente
Meu coração é um turbilhão
Acima do mar revolto

Dentro de meus sentimentos
Perco o fôlego
O rumo
E apesar da aparente serenidade
Do meu rosto

Posso lhe afirmar
Que meu corpo é puro êxtase de vida
E meus poros transpiram intensidade

Cá dentro de mim
O amor é uma condição e uma dança
Meu peito é um longínquo labirinto
Dentro dele consigo sentir todos meus amores perdidos
Em lacunas e planícies
Às vezes distantes de onde me encontraram

Minha ânsia de amar é egoísta
Tenho vontade de alcançar o impossível
Me entrego devagar aos inquilinos
Recito poemas e com meu olhar doce
Devoro-os
Cuspindo-lhes o sangue
Ainda quente

CASA PRÓPRIA

Agradeço por ter nascido com um coração amplo.
De grandes cômodos, arejados.
Deixarei as janelas abertas, para dar claridade, sabe?
Lembre-me de não fechar as portas, nem expulsar antigos locatários.
Desejo uma casa aberta, cheia de antigos, novos, (im)possíveis, eternos amores.
Na parede da memória vou colecionar retratos, sorrisos, corpos e músicas.
E são eles que me tiram da solidão dos domingos nublados.
E para eles nada peço, só agradeço, sempre.

NA ÓRBITA DAS ESPIRAIS

Transitas em meu pensamento
Como esfera cósmica
Às vezes de forma serena
Outras em total colisão planetária

Me invades e castigas
Me levas a breve loucura
Em desespero sem tua presença

Tento em vão reviver o teu cheiro
Teu gosto
Mas tudo não passa de projeção astral
Na órbita das espirais
Me entrego ao labirinto de minhas memórias

ENTRELINHAS

Mistério,
Goles longos de inquietude
Vontade de futuro
Ah, e esse peso das certezas

Deixas em mim
Sinais de vontade
Olhares duvidosos
Cheios de malícia

Decifra-me em analogias
Transcreve-me em poemas
Me ama em enigmas

Silêncio
Guardo nas madrugadas
O calor hesitante
O passo incerto
Todo esse não dito

Já é hora de escancarar as janelas
Desmascarar os labirintos
Incendiar os receios

Agora, amor
Já não bastam os indícios
Pois além de todos os resquícios
Quero-te, apenas isso

O MENINO

Dia desses conheci um menino
De sorriso largo e olhos doces
Dia desses me encantei devagarinho
Pela sua voz e sensibilidade

Me surpreendi com os acasos
Confirmados pela sincronicidade
Me reconheci no menino
Que me encarou com familiaridade ancestral

Perto dele me senti menina
E cheguei a acreditar que já nos conhecíamos
De outra vida ou dimensão

Com seu jeito manso
Ele bagunçou minha vida
Elucidou minhas feridas
Me causou comoção

Dia desses conheci um menino
Que me viu menina
E alimentou fantasias esquecidas

Passou por mim
Como vendaval
Me tirou o prumo
Me deixou perdida
E por certo
Desnorteada

Sabe-se lá se o menino
Sabe o caminho a seguir
Talvez dentro desse labirinto
Eu consiga me encontrar
Se ele me puxar pelas mãos

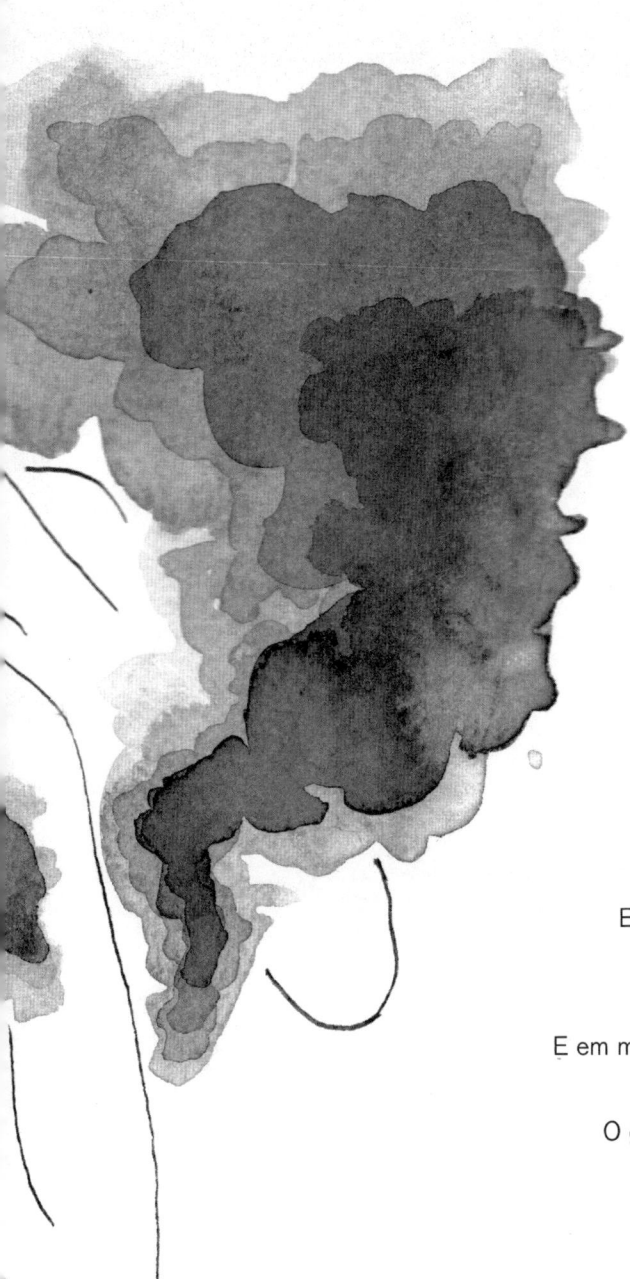

ERÓTICO

Teu cheiro
Me invade feito tempestade
Me deleito nas incertezas
Estou encharcada de saudade

Me entrego aos devaneios
E em meio a fantasias e lembranças
Tento em vão redescobrir
O gosto que tem nossas salivas

E eu, tão senhora de mim
Já não mais me pertenço
Pois aqui dentro você demora
E me beija
Cada vez que pisco os olhos

CÓSMICO

Vem brilhar comigo
Pois bem acima de nossos umbigos
Há um universo e um cosmos
Há um mar de possibilidades
E centenas de versos

Vem
Mas vem com coragem
Não fiquemos mais à margem
Vamos domar cometas
Encarar nossas silhuetas
Esquecer do tempo

Vem deitar mais perto
Vem mas vem intenso
Sem pensar no amanhã

Vamos calar as incertezas
Ser paz na correnteza
Deixar que a alegria nos transforme
Em algo maior que poesia

RESPIRO NO CAOS

Apavorada
Aterrorizada
Paralisada

Diante de tamanha imensidão
Da potência do sentir
Da fagulha acesa
Na iminência do incêndio
Do encontro do meu corpo com o teu

Estou encantada
Entusiasmada
Deslumbrada

Perante as incertezas
No gosto doce do recomeço
No despertar das novidades
Ao descobrir um universo
Que combina com o meu

Meu respiro no caos
Mensageiro das sincronicidades
Presente do acaso
Acalma minha pressa
Me envolve sem medo
Deita ao meu lado
E dorme sereno

APELO

Desejo alguém que lhe inspire
Alguém que você admire
Alguém que lhe faça suspirar
Alguém que lhe faça crescer
E brotar o que em você
Há de melhor

SUBMERSA

Faz alguns dias
Em que bebo da tua fonte
Em que me afogo em tua pele
Nesses dias
Mergulhei em ti

MEDITAÇÃO

Imóvel
Envolta no invólucro silencioso
De tua retina profunda
Que me encaminha para dimensões tamanhas
Enquanto me olhas com paixão
E desnuda-me
Sem sequer tocar-me

Dentro da imensidão de tua presença
No teu peito forte me derramo
Como corrente de água
Fluo infinita
Na paz de quem acredita em reencontros

Seus cabelos negros
Emaranhados em meu pescoço
Dançam sorrateiros
Me arrepiam a alma
Que mesmo desassociada do corpo
Ainda assim
Tremula por ti

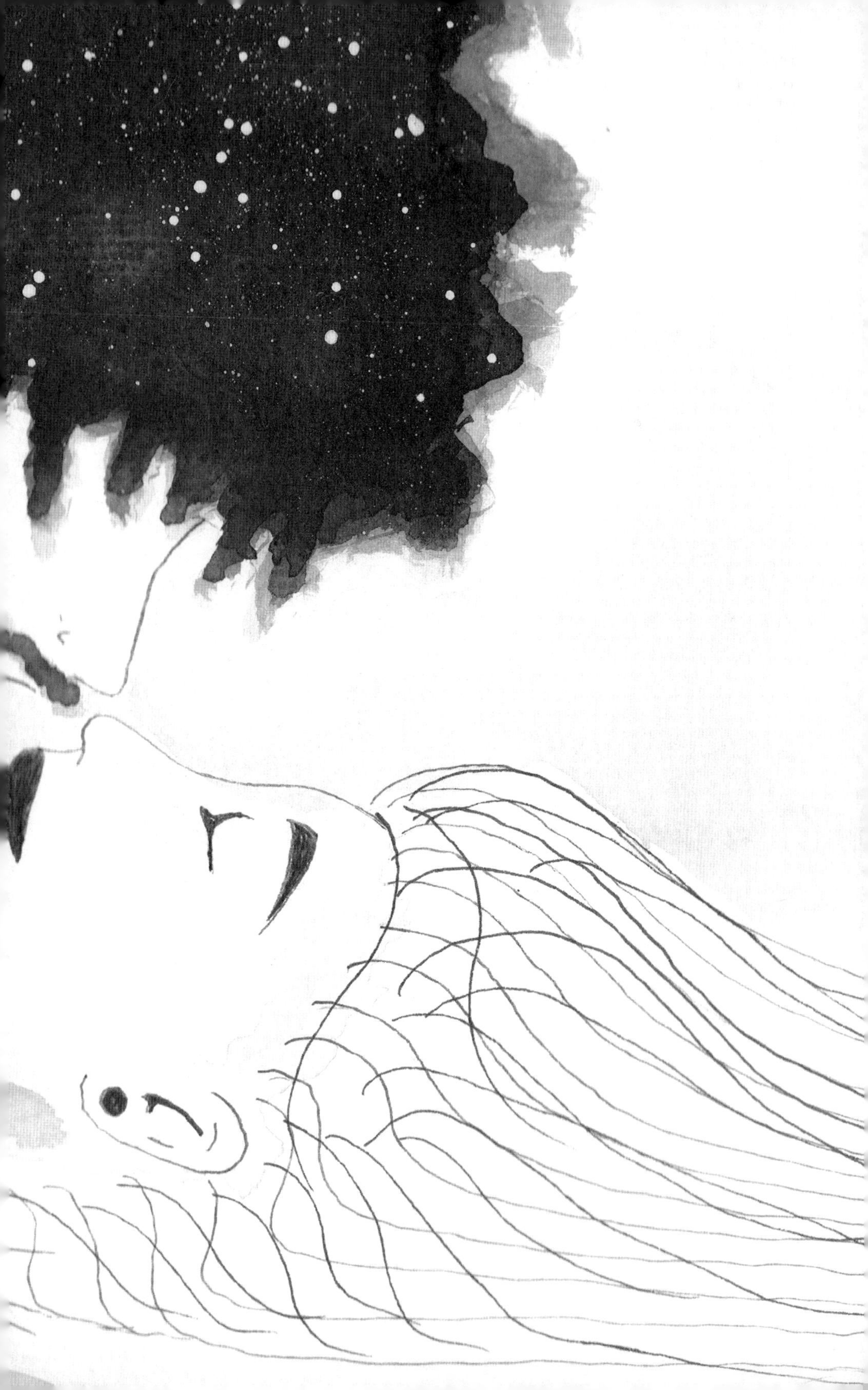

IV.

RUPTURAS

Sou feita de vazios
Lacunas

Sou tomada por
Ausências

Sou o limite do excesso

O absurdo

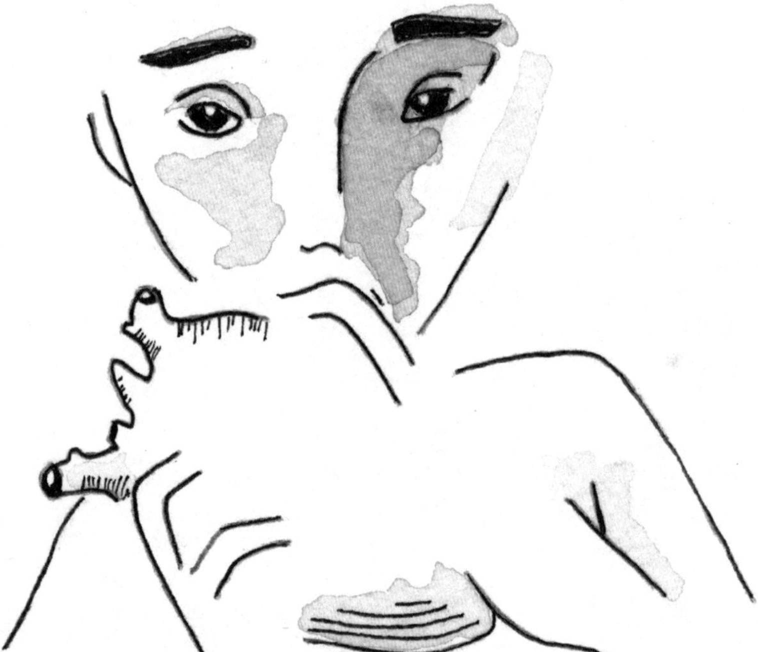

GASTRONOMIA

Devorei corações esquivos e medrosos
Minha gula é pelo tempo
Mastiguei minha própria ansiedade
E engoli ilusões mais do que saudade

Hoje a calma me contempla
Foi-me ensinado à força a paciência

Aprendi enfim
Lições de etiqueta

Não mais me deleito em banquetes
Aguardo sem pressa
Somente aprimorar as receitas

DOR DO POETA

Existem alguns momentos
Em que a ferida do poeta se abre
E sangra
Junto com toda a dor do mundo
Com a fome
Misérias
Injustiças

O poeta é um cais
Um receptor
Uma síntese de tudo que há
De tudo que sobra
Do saldo da perda

Nesses dias o poeta se transfigura em versos
Se expõe em palavras
Agoniza por cima dos livros
Desagua em meio à multidão

Ah, nesses dias
Apesar do iminente desespero
Há poesia

CÍRCULOS

Venho andando em círculos
Perdida em meus pensamentos
Abrindo e fechando a porta de casa
Sem saber para onde ir

Tudo parece tão contraditório
Em minha mente inquieta
Passo pelos dias
Riscados do calendário

Relembrando momentos que fugiram
Em meio aos turbulentos sentimentos
Que desaguam em uma angústia indecisa

Nas lacunas de minha alma
Volto para o princípio
E desde o início
Volto às palavras

Na tentativa de aliviar a saudade
De conter a sensibilidade
Volto para o que sempre fui
Me acalmo em poesia

TANTA AUSÊNCIA

Sofro de ausências
Trago um peito de cartas marcadas
De calados sentimentos que não germinam
Nem em terra fresca

Trago em mim um coração vazio por avareza
De querer sempre demais
Um trago agonizante de amanhã

Mas sinto e não nego a tristeza
Pois sei que há uma beleza peculiar na lágrima
Daqueles que transbordam dentro de si
E inevitavelmente desaguam em poesia

A ARTE DE DEIXAR ALGUM LUGAR

Fechei a mala apressada.
Subi e desci as escadas inúmeras vezes. Antes de partir, me certifiquei de que não havia esquecido nada. Retornei à casa e olhei minuciosamente cada cômodo à procura de algum vestígio.
Percebi que na realidade eu procurava por mim mesma. Quantos fragmentos eu estava deixando para trás? De que parte do meu ser eu sentiria saudade quando retornasse à minha casa? Não podia prever o que estava sendo abandonado ali. Sei que me sentia estranha e vazia enquanto caminhava até o táxi. Minhas palavras se perdiam em meio aos meus passos e por um instante já não sabia se meu corpo ou minha mente estavam perdidos. Tropeçava nos meus sentimentos errantes e inquietos.
Sim, aquela parte de mim que abandonara me fazia falta. Mas ao mesmo tempo, me sentia estranhamente aliviada por tê-la deixado lá. Mesmo não sabendo quem eu seria a partir de agora.
Onde havia guardado aquele pedaço desconhecido de quem eu era? Qual fora o segundo crucial em que me entreguei à possibilidade de voltar daquele lugar sem a bagagem do passado?
Revistei minhas memórias a fim de encontrar o paradeiro do meu ser abandonado. Relembrei cada local que passei naqueles últimos dias. Momentos sopraram. Pessoas, palavras, poesia, músicas, sabores, olhares. Sem sucesso não consegui me reencontrar em minhas lembranças. Naquele momento eu era tudo aquilo que havia vivido.
Havia eu me perdido em meio àquele recente turbilhão que me atravessara o peito durante minha estadia na cidade? Onde eu estaria senão dentro de minhas experiências e encontros?
Naquele instante em que nos debruçamos hesitantes sobre o outro, em que nos olhamos curiosos diante do enigma do entendimento; impulso dado

para mergulhar em histórias, alheias a nós, é lá que nos perdemos. Entregamos a chave de nossa existência para que alguém possa nos mobiliar de ínfimas sensações, voláteis sentimentos.

E logo, não somos mais o que éramos.

Dizia adeus àquilo que eu era enquanto cumprimentava cordialmente o que vinha sendo acrescentado ao meu ser. Nos deixamos um pouco em cada lugar. E dele recebemos a capacidade de nos tornar inesquecíveis.

INUNDAÇÃO

Escrevo porque preciso
Escrevo
Para desaguar o que já não cabe
Conter o dilúvio
Impedir o afogamento
Para não submergir em lágrimas
Para impedir a inundação
E escrevendo
Me banho nessa água salgada

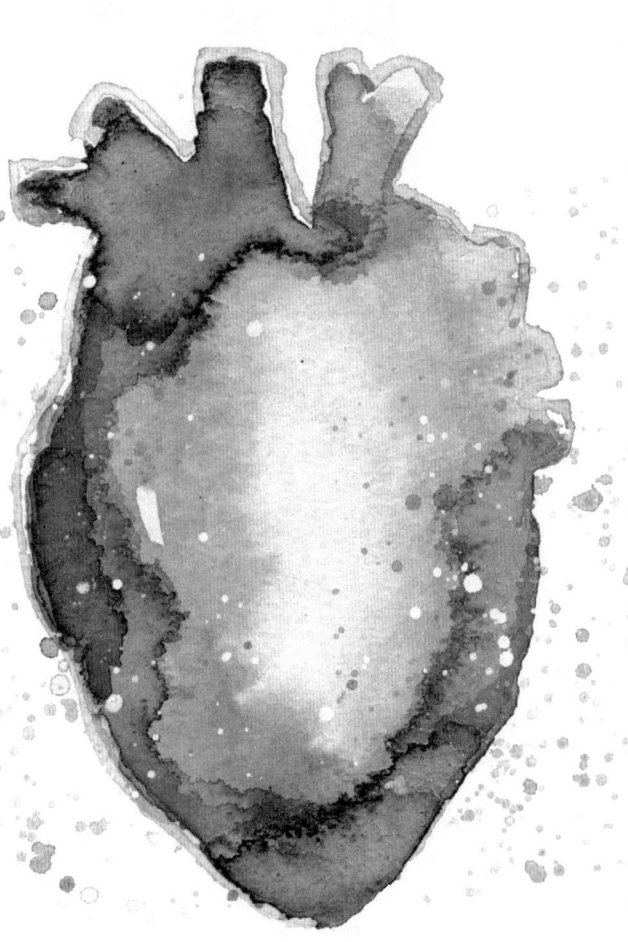

CIRURGICAMENTE

Arrancar o mal pela raiz
Calando o indizível
Assassinar a sangue frio
O latejante coração
Fingir apatia e desinteresse
Almejando um pouco de paz

Conter o turbilhão com impotência
Tentando impedir a inundação do oceano
Fingir que dentro de mim já não há nada

Te rasgo em páginas amareladas
De poemas recém- escritos
Te arranco de mim com saudade
Do que nunca existiu

TANTO

E foram tantos poemas tão plenos de coisa singela
E foram tantas
E tanto
E tonta de tudo
Que de espanto

Um tanto
Um pouco
Receava
Mas amava

E amava
E tudo e sempre e muito
Que de sempre em sempre
Pensava
Se um dia seria normal
Tanta alegria

Tanta fantasia
E tarde
Noite e dia

Agonia

Se era normal tanta fadiga do resto da vida
Porque era tudo assim tão intenso
Que não oferecia vida a mais nada

Que nada!

E era tanta besteira
Bobeira
Risada
Que de tudo
E tanto

E Nada

SOBRE CISÕES E RUPTURAS

No início, não passava de uma pequena rachadura
Fina, retilínea, quase imperceptível
Depois surgiram infiltrações, fendas
E pedaços de mim foram mergulhando no abismo
Do qual eu ainda não consigo escapar

A máscara branca que cobria meu rosto
Se dissolveria a qualquer minuto
Minhas certezas estavam estilhaçadas
Meus sentidos trincados
Inevitavelmente aos poucos me faria em ruínas
Logo já seria apenas um pó fino
Em meio aos escombros do que fui
O processo se fez
Indolor e incontrolável
E eu estava lá
Sem face, corpo ou convicções

Mais uma ruptura chegava ao fim
Carregada de vazio
Tateei sem sucesso algum resquício de mim
Em meio à solidão que me assola e me acolhe

Logo, já poderia me dizer outra
A liberdade do silêncio me contempla e me assusta
Há uma imensidão diante do esquecimento
Não me pertenço e nem ao menos posso me moldar
Sou um conjunto de forças que se movem, se chocam
Se quebram a todo instante

O equilíbrio é a utopia que carrego
Pois me refaço na desordem

Quantas vezes perderei minha superficial identidade
Para enfim me firmar em minha alma?
Tenho em mim o inconcluso
E a pretensão de algum dia me sentir plena

Aos poucos o que era pó se transforma em matéria viva
Densa, pulsante
Vibram em mim centenas de pequenas ilusões
Elas me constroem
E surge um novo esboço
Uma nova máscara é desenhada delicadamente
Sem pressa ou demora

Ressurjo em meio aos destroços
Não me pergunte quem eu sou
Pois sem aviso
Volto a me desmanchar

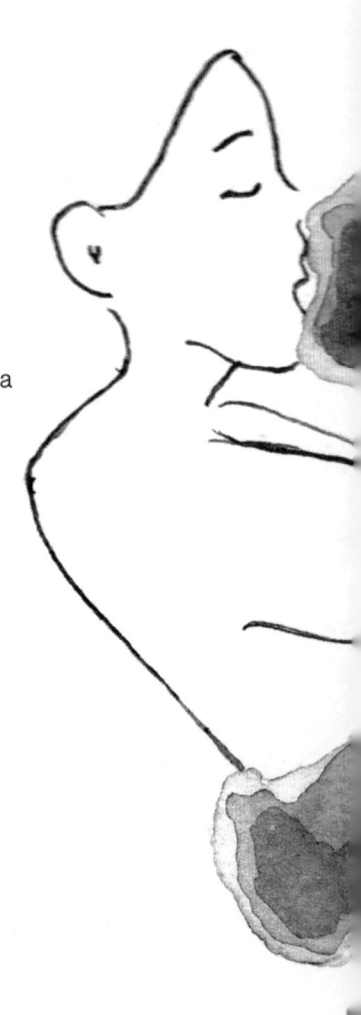

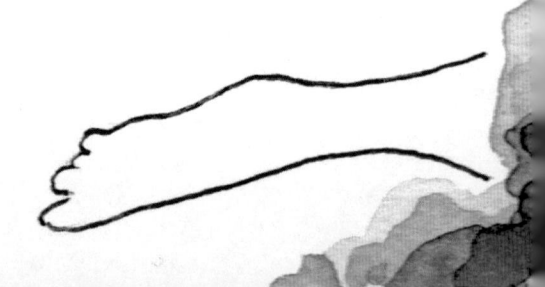

AMORES LÍQUIDOS

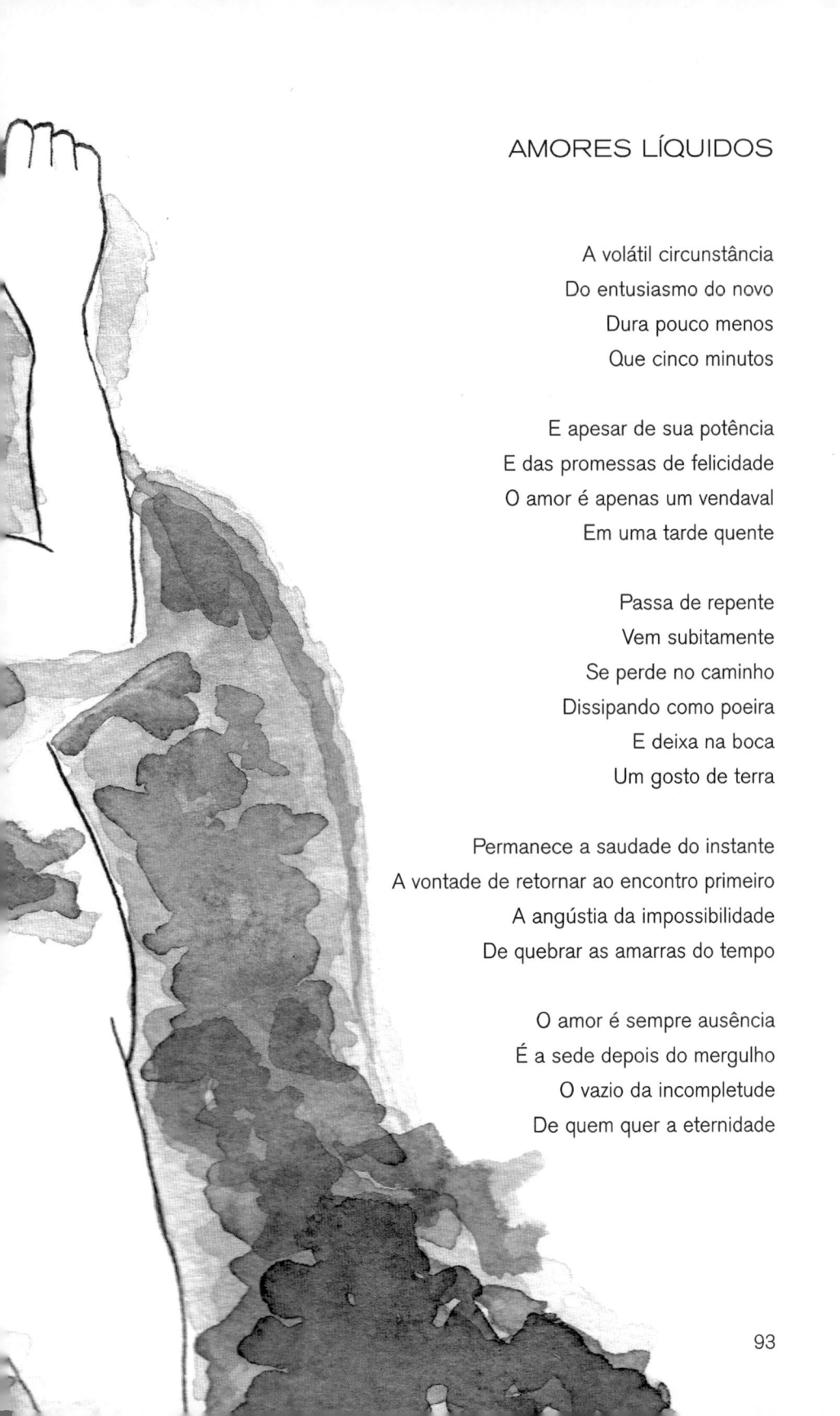

A volátil circunstância
Do entusiasmo do novo
Dura pouco menos
Que cinco minutos

E apesar de sua potência
E das promessas de felicidade
O amor é apenas um vendaval
Em uma tarde quente

Passa de repente
Vem subitamente
Se perde no caminho
Dissipando como poeira
E deixa na boca
Um gosto de terra

Permanece a saudade do instante
A vontade de retornar ao encontro primeiro
A angústia da impossibilidade
De quebrar as amarras do tempo

O amor é sempre ausência
É a sede depois do mergulho
O vazio da incompletude
De quem quer a eternidade

TURBULÊNCIA

Paradoxo que sou
Inquieta-me a calmaria
Não sei lidar com certezas
Nem moderar minha loucura

Preciso de águas turbulentas
Da tormenta das paixões
Da espontaneidade dos momentos

A vida
Volátil circunstância

Gosto de opostos
Bebo dos contrários
Pois em movimentos estáticos
As palavras não se tornam
Poesia

FÔLEGO

Corroída, doída
Quase sem ar, sem pesar
Apesar disso, apesar daquilo
E de tudo mais

Com ciúme insensato, inato, infantil
Se dobrando, quebrando, apertando o coração
Com mãos vadias, lesas, loucas
Ventania errante, inconstante

Embriagada,
Injuriada, mal criada, desgosto
Desejo, maciço, permanente
Solto, bicho, insanidade

Mato
Amando,
De amor barato, casto, infeliz

E no choro, no olho
Espelho, retoque
De beleza, menina, querida, doce

E prazer, vontade, corpo
Amada
Deixada

Inspiração
Medo

Volta
Palavras
Potência
Semente
Sente, sente, sente

JABUTICABAS

Olhe bem demorado
Nesses imensos olhos castanhos
Veja a tristeza
Nessa escuridão
Em forma de jabuticaba

Olhe como ela pede
Para ser libertada
Para respirar
Perceba como sua alma sufocante
Implora "por favor
Me deixe viver"

O amor deixou de ser conforto
Se tornou prisão
Engaiolando seus sonhos
Pequenos pássaros que tem medo de cantar

Deixe-a florescer
Faça-a sorrir
Solte suas correntes

No entusiasmo do vazio
Na incerteza das possibilidades
Na solidão escolhida

Seus olhos brilharão
Como esferas púrpuras
Nas jabuticabas

SAUDADE

Saudade dos olhares tão cheios de palavras
Das manhãs que me ensolaravam
Saudade da simplicidade de quem ama
Da sensibilidade do cortar cebolas
Do choro leve de quem sente
Saudade

Do abraço de quem reencontra
Do cheiro do manjericão
Da demora dos instantes
Cheios de saudade

Dos dias mais vividos
Também dos adeuses
Das mãos que se acariciam espontaneamente
Saudade

Da plenitude do encontro
Do desespero da perda
Da culpa do atraso
Saudade

Do pertencimento da memória
Das poesias e seus destinatários
Saudade

Saudade de um pouco de tudo
E desse vazio
Saudade

Dessa esperança infantil
De reviver
Antiga saudade

PERDIDA

Agora não sabia se caminhava em direção a um precipício ou se finalmente havia encontrado a tão esperada autocompreensão.
Os passos receosos embora muito rápidos faziam com que fosse tropeçando naquele medo todo.
Os pés tinham alguns calos, alguns machucados que doíam na textura das pedras, na areia quente do caminho, todas aquelas formas irregulares. Doíam deliciosamente, como aquelas dores que carregam mais prazer do que dor.
A mente atordoada, a sensação de estar entrando em algum tipo de transe, algum êxtase de vida que não pode ser decifrado.
Caminhava, corria. Tinha medo do caminho e voltava assustada.
Não, o medo maior era o retrocesso.
E se estava seguindo para o local errado?
Sem bússola, sem mapa.
Quem a direcionava era um amor:
Um amor barato, ilícito e inconcluso
Marginalizado dos outros amores da Terra.

MAREMOTO

Tem dias que o mar que me habita
Está tão revolto
Que tenho medo de me afogar

Tem dias que as ondas
Me golpeiam com tanta força
Que minha única ação
É permanecer imóvel

Perante a possível catástrofe
Diante do inevitável precipício

Ah, tem dias que a única recomendação
É silêncio
Paz
Solidão imediata

DESISTÊNCIA

Basta! Renuncio
Desisto
Assino minha destituição

Dos assuntos do amor
Que me atordoam a vista
Me contorcem a alma
Ausência e saudade

Não mais encantamentos
Nem ilusões levianas
Sem mais encontros ou expectativas

Do amor quero distância
Seja expurgado qualquer sintoma
Que em meu peito só reste silêncio
Ou escassez

E em meu coração árido
Abstêmio
Derramarei lágrimas
Até que brote alguma esperança

BICHO SOLTO

Estou quebrada
Estilhaçada

Tentando em vão segurar os pedaços de mim
Que vão caindo pouco a pouco
Perdendo de vez sua primordial forma

Em meio à névoa turva
Começo finalmente a ver a nitidez dos fatos
Por anos estive envolta nesse invólucro silencioso
Mascarado de estabilidade

A vontade de amar era tanta
Que me apaixonei por mentiras
E agora não sei mais onde está a verdade

Me entreguei ao meu oposto
A uma completa escuridão
Sem saber que dentro de mim
Estava a bússola que me guiaria

Ignorei minha intuição
E os conselhos de minha mãe
Pois estava tão convicta de que era livre
Mesmo imersa no cativeiro

Mas uma voz interior me alertava
E em uma súbita coragem
Assassinei meu carcereiro

Me joguei pela janela
Sem saber a altura da queda

Como uma cobra em metamorfose
Percebo agora em mim
Um novo corpo desabrochando
Uma esperança e delicados ramos dourados

Lambo as minhas cicatrizes
Com suor e sal
Feito bicho solto
Antes domesticado
Mas que não perdeu
Seu instinto selvagem

V.

DESPERTAR

O esclarecimento

É um lamento

Loucura

Ou libertação?

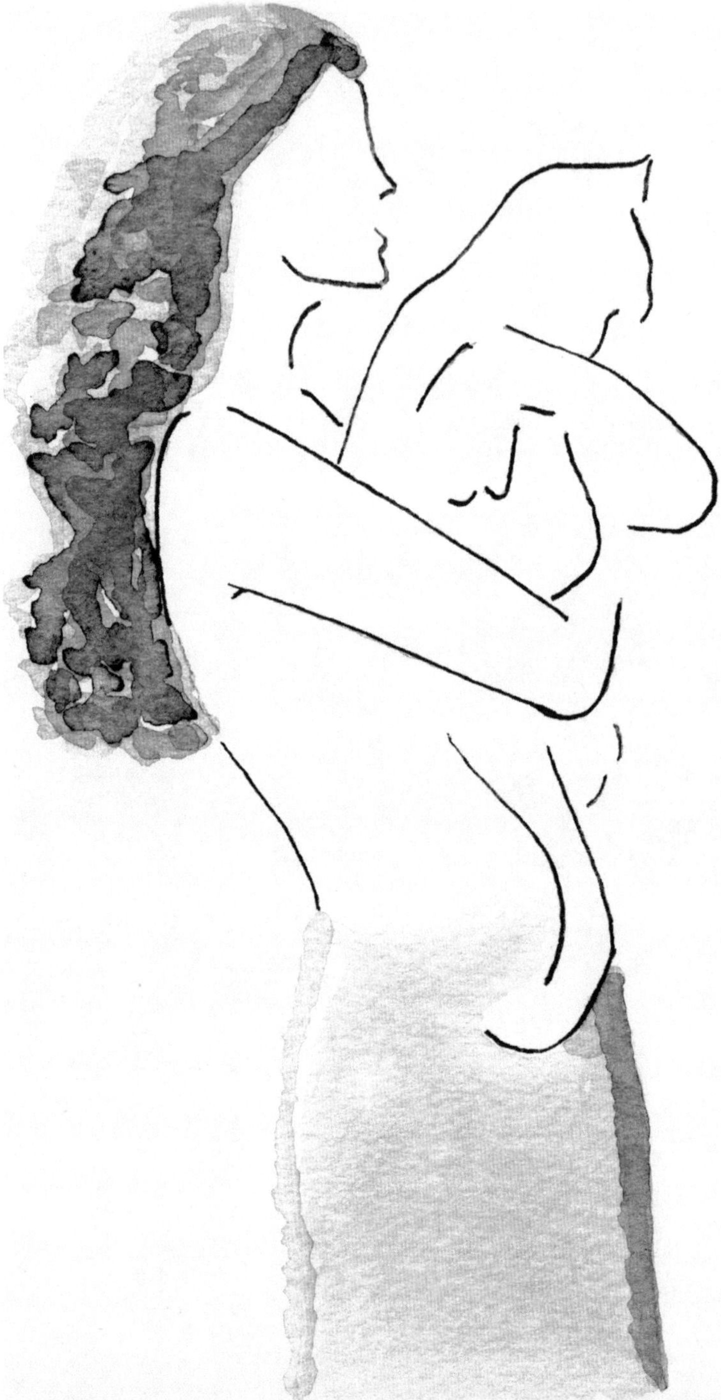

REFLEXOS

Encarei minha verdade
Esmiuçando o passado
E ao me olhar no espelho
Tive orgulho de mim

Uma mulher expondo as cicatrizes
Sem medo de suas feridas
A cada momento me entrego mais
Ao meu próprio pertencimento

Me compreendo enfim
Quando estou dentro de mim
Quando estou perto do céu
Enquanto minha respiração se aquieta

Em minha própria companhia
Sou inteira e discreta
Sou aquela que desperta
Sou intensa e inquieta
Estou sozinha e sou poeta
E nada mais me interessa

RECEITUÁRIO

Receitada pela vida
No tratamento da ferida
O corpo estilhaçado por dentro
Na alma imensa cicatriz

E em doses homeopáticas
Me liberto da doença
E me reconheço em mim

Se não fosse pela enfermidade
Estaria estagnada em minhas antigas verdades
Me transformei enfim
Me tornei

A minha própria cura

DESPERTAR

Foi quando tive uma imensa clareza.

Do porquê de todas as coisas, em que revisitei meus processos e pude perceber com olhos atentos a decorrência dos fatos como se fossem uma sequência lógica de acontecimentos.

Como se descobrisse a fórmula de alguma louca equação matemática em que pude entender os desígnios do destino. E me senti plenamente em consonância com o universo e seus mistérios.

Crescer dói.

Mas permanecer imóvel diante da imensa engrenagem da vida é paralisar-se diante das possibilidades.

O olhar nítido e preciso, o coração calmo e a alma repleta.

Dentro de mim uma voz sussurra serena:

Bem-vinda ao seu despertar.

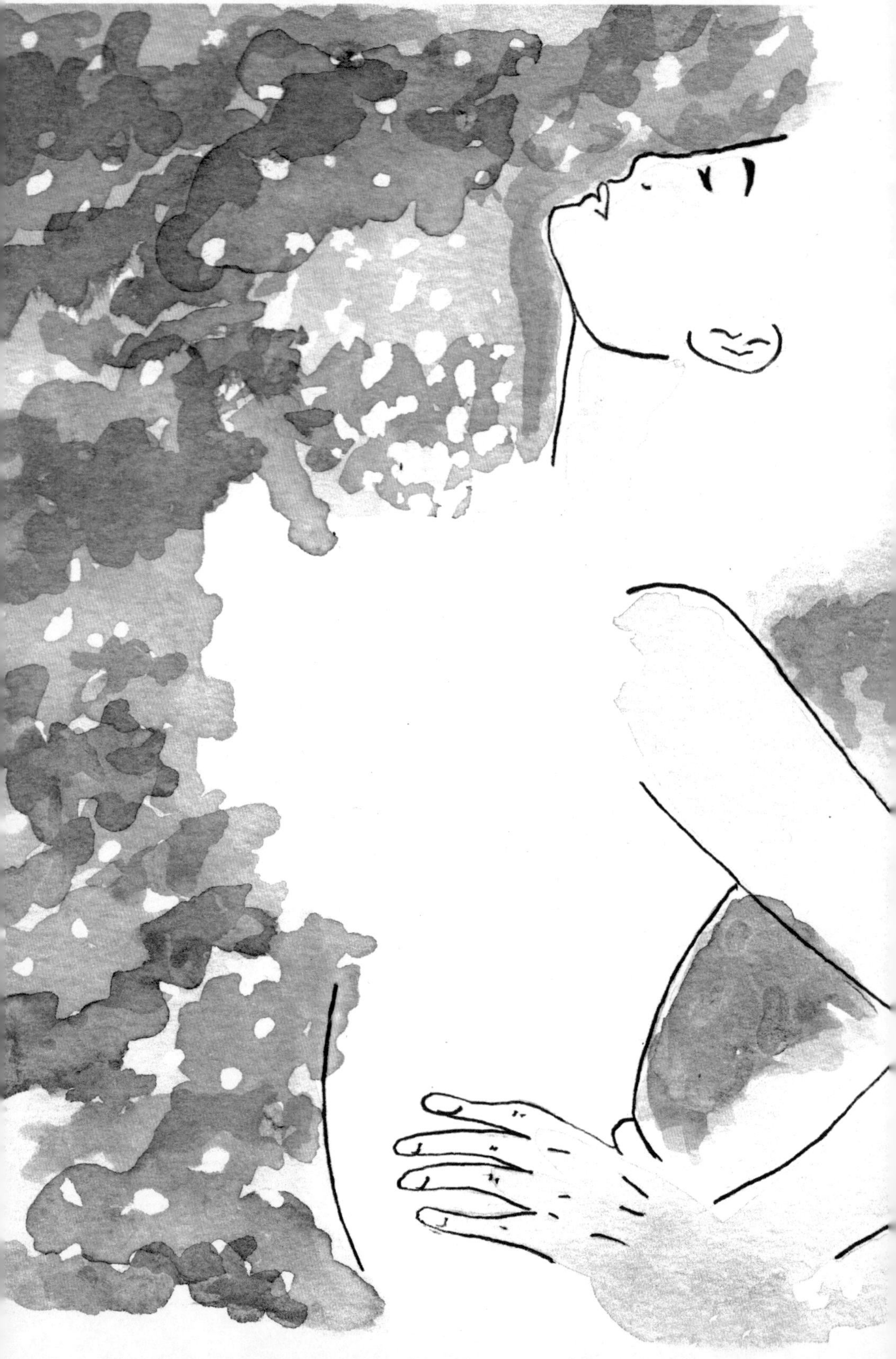

DENTRO

Mais uma vez anoitece
E eu imóvel
Permaneço dentro das sombras
Que me habitam

Contemplando toda a escuridão
Inundada pelo silêncio
Do vazio que se espalha
Na imensidão do pensamento

Perdida em sentimentos difusos
De estradas ambíguas
Em possibilidades diversas
De tudo ou coisa nenhuma

À procura de esclarecimento
Da face oposta juramentada
Em meio às brumas de algum lugar
Encontro a iluminação almejada

São vagalumes dourados
Que brotam do céu cinzento
Em nuvens imensas cintilantes

É isso que tenho aqui dentro
Luz e escuridão
Dentro de um ser intenso

INTROVERSÃO

Tudo pulsando em uma mesma direção
Ondas quebrando dentro de mim
Sussurros
Silêncio

Sentimentos dançam por cima do céu
Velas em candelabros se apagam
Toalhas cobertas de vinho

Lágrimas caem em forma de chuva
Pássaros-folhas despencam das árvores amareladas

Sentidos aflorados brotam de meus poros
Todos passando por fora de mim

Notas de piano rasgam a distância de dentro de nós
Sorrisos eclodem acima dos prédios
Páginas se folheiam com o vento

Cartas se perdem de seus destinatários
Os semáforos se esquecem das ruas
As pessoas caminham todas em volta de nós

O mundo suspende ao tempo do agora
Os relógios se quebram por mágica
Tudo parado
dentro de mim

PLENA

A solidão já não me dói
Estou farta de mim

Eu me amo
E me amando assim

Estou repleta
Enfim

REENCONTRO

Depois de um longo período distante
Abraço timidamente
O que restou de mim

Me reencontro
Me reconheço
Há familiaridade
E surpresas

Onde eu estava?
Onde me escondi?
Pergunto-me inquieta

A saudade era tanta
Que mal parecia
Que vivia tomada de ausências

Mergulho em mim
Segurando firme minha respiração
Com cautela e carinho
Sem medo do afogamento

Meu corpo é território seguro
E em minhas andanças
Sinto-me finalmente
Senhora de minhas terras

SUPERSTIÇÕES

Me deleito com o encanto juvenil das possibilidades.
Afinal de contas, o que é uma vida sem feitiços.
Rejuvenesço-me nessa ideia vã de me manter sempre menina.
E traço linhas difusas no que chamo de realidade.

Quero dias claros que inundem aquilo que as palavras não proclamam. E olhares que parecem romancear o que talvez nunca venha a ser publicado. Mas contento-me com esboços, rascunhos.
E basta que somente exista essa sintonia não dita, contemplada no encontro.

Com um sorriso digo que me iludo tanto. Mas é a ilusão que incita o sonho ainda não vivido.
Sei que em mim há apenas emoções púberes.

Não envelheço e ai de quem ousar me amargar.

Gosto mesmo é de açucarar tudo.

E se não há em mim o amor que enlaça minhas manhãs, nada vale. Sou um ser que vibra pelo que ainda existe na linguagem das estrelas, nessa minha vida que tem mais significados do que fatos. Mas que me acolhe quando acredito nessas magias do dia a dia.

Não me acorde, deixe-me, apenas, despertar.

FELICIDADE

Felicidade
Encharca-me a alma
Transcreva e reescreva meus sentimentos
Para que eu possa
A todo instante
fazê-los em versos

Felicidade
Sente-se ao meu lado
Bem aqui
Pertinho da paz

E não se esqueça
Cubra-me de inspiração
Que um poeta sem rimas
É como ninho vazio

Felicidade
Não precisa ser pontual
Basta apenas chegar
Assim
Sem bater

NUA

Estou nua
Despi-me de fantasias, angústias e canções
Permaneci na esquina de qualquer entendimento
Nua, sem paixões

Fiquei à beira da solidão
No instante do equívoco
Na ameaça da tristeza

Porém
Estou em paz
Banhei-me na serenidade
Acompanhei o passo
E dei sentido à minha vida
Não se assuste
Me certifiquei
A porta está aberta

Trato bem as visitas
Quero a casa cheia
Café e cafuné
E quem sabe até um sutil
Casaco de lã

O MAIS BELO EM MIM

Eventualmente
Ouço das pessoas
Que sou uma mulher forte

Ser forte não significa
Que eu não me quebre por inteira
Eu me destroço
E em estilhaços
Me sinto desprendida de mim

Mas a vida e as circunstâncias me ensinaram
Que ser forte não é a ausência de rupturas
Mas minha capacidade de regeneração

Recolho aos poucos o que ficou
Retiro de mim o que já não mais me cabe
E o que me completa
Eu enalteço

Eu me ressignifico
E recupero lentamente
O que há de mais belo em mim

VIDA-MORTE-VIDA

A efemeridade da vida escorre pelos dias não vividos.
Aprendemos a viver a eternidade. E ela é nosso consolo, afinal. Quando os tempos idos desejavam durar um pouco mais.
Tenho sintomas de juventude.
Mas minha alma anseia por preciosidades que atravessam todas aquelas que já fui um dia.
Caminho sorrateiramente por eras e espaços. Não compreendo a finitude dos meus versos.
No entanto, é neles que eu irei me imortalizar.

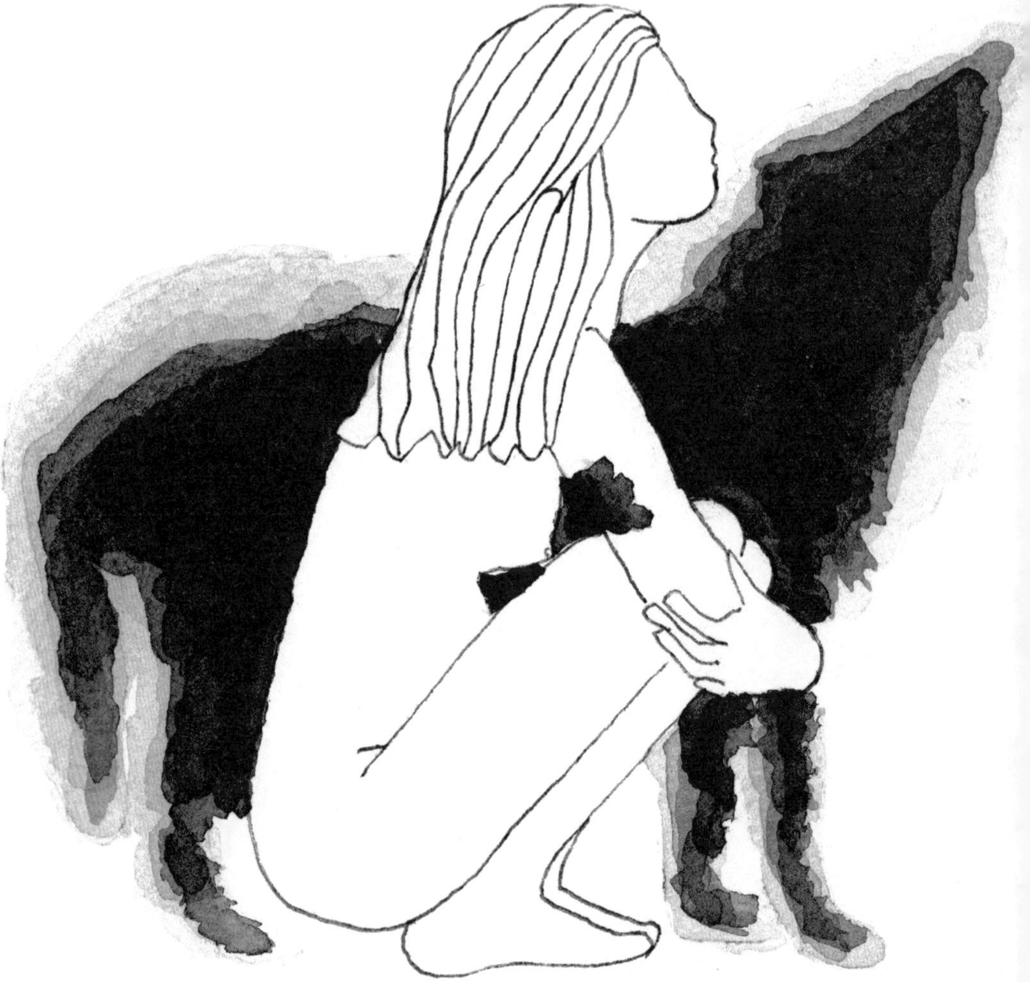

LA LOBA

O seu uivar

Vai preencher a noite escura
Vai lhe encher de plenitude
Vai lhe atravessar o peito

O seu uivar
Vai ser um grito de força

Que ressoará em outras mulheres

DANÇA

Os sentimentos não mais me aprisionam

Eles passam por mim
Rodopiam em meus anseios
Riem das minhas certezas
Deitam em meu pranto
Calam meus medos

Meus sentimentos não me dominam
Eu os divirto
E eles insistem
Para que eu entre na dança

© 2020 por Fernanda Bienhachewski
Todos os direitos desta edição reservados à Laranja Original.

www.laranjaoriginal.com.br

Edição Filipe Moreau
Projeto gráfico Marcelo Girard
Produção executiva Gabriel Mayor
Diagramação IMG3

Dados Internacionais de Catalogação na Publicação (CIP)
(Câmara Brasileira do Livro, SP, Brasil)

Bienhachewski, Fernanda
 Na órbita das espirais / Fernanda Bienhachewski ;
ilustração do autor. -- 1. ed. -- São Paulo : Editora
Laranja Original, 2020.

 ISBN 978-65-86042-10-8

 1. Poesia brasileira I. Título.

20-42103   CDD-B869.1

Índices para catálogo sistemático:
1. Poemas : Poesia brasileira   B869.1
Maria Alice Ferreira - Bibliotecária - CRB-8/7964

Laranja Original Editora e Produtora Eireli
Rua Capote Valente, 1198
05409-003 São Paulo SP
Tel. 11 3062-3040
contato@laranjaoriginal.com.br

Papel Pólen Bold 90 g/m²
Impressão Stilgraf
Tiragem 200 exemplares
Agosto 2020